Made in the USA
Las Vegas, NV
10 June 2021

24548541R00085